AF404166

Mois de Mai, Juin et Juillet

L'AVENIR DES COLLÈGES

JOURNAL

de Propagande Universitaire et d'Études Professionnelles

La Question

DE

L'ASSIMILATION

PREMIER CHAPITRE

**Son Origine, Son Histoire, Solution à côté
Conclusion**

DEUXIÈME CHAPITRE

L'Assimilation devant le Parlement, depuis 1895

TROISIÈME CHAPITRE

Proposition de loi de M. Lafferre

1903

—

IMPRIMERIE A. PATU

LIBOURNE

La Question

de

L'ASSIMILATION

SON ORIGINE

Avant le classement de 1887, les professeurs des Lycées et des Collèges recevaient comme traitement celui qui était attaché à leur chaire et à la catégorie des établissements où ils étaient envoyés. On rétribuait la fonction plutôt que le fonctionnaire et l'échelle de la rétribution était toujours subordonnée à la hiérarchie des fonctions. Le grade, quel qu'il fut, n'avait d'autre valeur que de recommander plus spécialement son titulaire au choix du ministre au moment d'une nomination à faire : il n'emportait par lui-même, une fois la nomination faite, aucun traitement déterminé. Nul ne pouvait songer alors à se prévaloir d'une équivalence de grade pour réclamer un traitement équivalent.

Le classement de 1887 fit disparaître ces catégories artificielles qui jalonnaient l'avancement des professeurs de l'enseignement secondaire ; il égalisa les chaires et les établissements, ne conservant d'autre hiérarchie que celle qui était garantie par une supériorité de grade. Désormais, les services professionnels furent rétribués non plus d'après la valeur conventionnelle attribuée au poste occupé par le professeur, mais d'après la compétence reconnue du professeur lui-même. Or, comme la compétence est sanctionnée par des grades, c'est aux grades que fut attachée la rétribution, l'égalité des uns postulant l'égalité de l'autre, C'était là une solution à la fois logique et équitable.

Mais il arriva pour ce principe ce qui arrive pour beaucoup d'autres. Après l'avoir proclamé intangible en théorie on l'entama fortement par la mise en pratique : ainsi, une des premières applications de ce classement qui faisait disparaître les catégories entre les établissements et les chaires fut précisément d'établir une catégorie nouvelle entre les professeurs de ces établissements.

On s'empressa de créer au profit de certains fonctionnaires un privilège de résidence en décidant, malgré l'égalité du grade, que les brevetés, les bacheliers et les licenciés professeurs dans les collèges auraient un traitement inférieur à celui que toucheraient les brevetés, les bacheliers et les licenciés professeurs dans les lycées.

L'inconséquence était rare et l'anomalie assez difficile à justifier.

Pendant plus de dix ans, les professeurs de collèges ont accumulé les vœux et les démarches pour obtenir que l'on fît passer dans les actes la logique des intentions et que l'on assimilât réellement, comme le voulait le classement de 1887, tous les professeurs de même grade en leur attribuant le même traitement. A plusieurs reprises, ils furent sur le point de réussir.

SON HISTOIRE

Il y a huit ans, en 1895, la Chambre des Députés, sur un amendement présenté par M. Maurice Faure, vota l'assimilation immédiate et intégrale, au point de vue des traitements, des licenciés professeurs dans les collèges avec les licenciés professeurs dans les lycées.

S'appuyant sur ce principe démocratique qu'à une charge égale doit correspondre une égale rémunération, elle déclara que les professeurs qui avaient même grade et mêmes fonctions devaient toucher le même traitement.

Le fait que les uns exerçaient leurs fonctions dans un lycée et les autres dans un collège ne lui parut pas motiver au détriment des seconds une diminution de traitement. Ils faisaient partie au même titre de la maison universitaire et leurs services d'éducateurs étaient d'égale valeur, bien que se produisant dans des milieux scolaires différents.

Par ce vote, le *premier* en date et le plus important comme signification, la Chambre des Députés posa donc le principe de l'assimilation, véritable unification des soldes universitaires.

Cet amendement vint ensuite devant le Sénat, présenté par M. Maxime Lecomte.

Il y reçut d'abord l'accueil bienveillant qu'on était en droit d'attendre pour lui de cette assemblée pénétrée des sentiments de la plus haute équité. Il était même sur le point d'y recevoir une consécration définitive lorsque des raisons d'ordre financier vinrent se jeter à la traverse.

Le Ministre de l'Instruction Publique, M. Poincaré, comme ébloui du don que le Parlement allait lui faire pour une partie de ses fonctionnaires hésita et, poussé sans doute par un souci trop scrupuleux des deniers publics, il fit pénétrer le Sénat dans tous les détails imprévus et les répercutions onéreuses que comportait le projet. Il y eut à ce sujet de bien étranges exagérations de chiffres. Elles furent dues probablement à la surprise causée par un succès que rien ne faisait prévoir et à cette espèce de désarroi qu'éprouvent toujours ceux à qui échoit brusquement un gros héritage : la crainte de déranger une vie bien réglée, d'avoir à modifier des habitudes prises poussant même certains d'entre-eux à refuser cette richesse encombrante ou à s'y dérober.

Quoi qu'il en soit, le Ministre, documenté par les bureaux de l'Enseignement secondaire, présenta un état de dépenses de 1,800,000 fr. indispensables, disait-il, pour réaliser dans son plein effet cette assimilation dont il n'entrevoyait pas sans émoi les retentissements inattendus.

Le Sénat, pris de court et n'étant pas à même de vérifier et de ramener au niveau de la réalité les dépenses fantastiques dont on le menaçait, s'inquiéta devant ce projet qu'on lui présentait comme une véritable boite à surprises budgétaires, il le renvoya à des jours meilleurs, à des exercices plus robustes.

Ce premier échec, qui était aussi un demi-succès, ne découragea pas les auteurs de la proposition. La grande objection, la seule même, c'était cette dépense considérable de près de 2 millions qu'on avait agitée devant le Sénat ; il n'y avait plus qu'à percer à jour cette légende et à la ramener à ses véritables proportions. Ils revinrent donc plusieurs fois à la charge, MM. Lemire et Maurice Faure en 1895, MM. de Grandmaison et Maurice Faure en 1897 ; et l'on peut dire qu'il n'y eut plus désormais une discussion du budget de l'Instruction publique où, sous une forme quelconque, la question de l'assimilation ne se trouvât posée.

En 1899, M. Viviani, député de Paris, reprenant cette question après M. Couyba, la plaida devant la Chambre avec son éloquence lumineuse sans pouvoir d'ailleurs la faire trancher par un vote.

L'année suivante, en 1900, il obtint enfin qu'une somme de 1,000 fr. serait inscrite au budget de l'Instruction Publique, à titre d'indication, pour engager le Ministre à apporter devant la Chambre un projet où seraient établies les dispositions destinées à faire passer dans les faits les intentions déjà signifiées par le Parlement.

Ce jour-là, en raison de ce *second vote*, la mise en pratique de l'assimilation fut décidée ; il ne restait plus qu'à en assurer la sincère et impartiale réalisation.

Au mois de décembre 1900, le Ministre de l'Instruction Publique, se conformant au vote impératif émis par la Chambre au sujet de la proposition de M. Viviani, s'inspirant aussi des réserves qui avaient déjà été faites l'année précédente au sujet des difficultés budgétaires que présenterait une assimilation intégrale immédiate, apporta à la commission du budget un projet où l'assimilation était seulement amorcée et gagée par dix annuités de 10,000 francs chacune. Ce projet de solution approchée et la demande de crédits qu'il impliquait ne furent pas favorablement accueillis par la commission, décidée, cette année-là, à s'imposer les plus douloureuses économies et le Ministre, sans insister davantage, le retira.

Il fut, par bonheur, repris à la Chambre sous forme d'amendement, par M. de La Batut, et, après un échange d'explications où intervint encore M. Viviani, il fut voté à mains levées.

Cette intervention est utile à noter car il est facile de voir par la lecture des discours de M. de La Batut et de M. Viviani, ainsi que par le texte même de l'amendement, qu'il ne saurait y avoir aucun doute sur la portée de l'assimilation votée ce jour-là pour la *troisième fois* par la Chambre des Députés : elle est acquise et reconnue en droit à tous les professeurs de Collège sans exception.

Il est vrai de dire que le Ministre de l'Instruction publique rentré, grâce au vote spontané de la Chambre, en possession du projet qu'il avait lui-même abandonné, l'éclaira, devant le Sénat d'un jour tout nouveau, à travers lequel il perdit son sens ancien et sa portée primitive. Au lieu d'élargir les cadres de l'assimilation de façon à y faire entrer peu à peu tous les assimilables, le ministre exprima nettement sa volonté de limiter le bénéfice de l'assimilation à 1/10 des professeurs licenciés de Collège et d'employer à ce classement de choix le crédit qui lui avait été alloué.

Dans ce projet nouveau, rien ne rappelait celui que la Chambre avait fait sien en le consacrant par son vote et que le Ministre avait mission de présenter au Sénat ; dans le trajet du Palais-Bourbon au Palais du Luxembourg, il avait subi une mystérieuse métamorphose.

Les deux Chambres se prononcèrent donc, à propos de la même question, sur deux projets radicalement différents l'un de l'autre et dont la mise en application devait aboutir à des résultats opposés, presque contradictoires : elles ne s'en aperçurent pas, et il ne se trouva personne, pas même le Ministre, pour le leur dire.

Aussi, voyez les conséquences : En adoptant le point de vue où s'était toujours placée la Chambre des Députés, dans ses trois votes successifs, l'assimilation était un *droit* reconnu à *tous* les professeurs licenciés des collèges et pour tous, quelle que soit l'échéance où la recule la modicité des crédits alloués, elle doit devenir une réalité.

Au contraire, en se plaçant au point de vue que le Ministre avait adopté devant le Sénat, il ne fallait plus voir dans l'assimilation qu'un *privilège* de traitement demandé et obtenu pour *quelques* licenciés de choix à l'exclusion des autres.

Cette dernière interprétation allait juste à l'encontre du principe si explicite proclamé dans les votes réitérés de la Chambre. Tous les députés qui avaient voté le crédit de 100.000 fr. et surtout M. Viviani qui l'avait accepté comme une sanction partielle de ses propositions, entendaient faire disparaitre une inégalité de traitement qu'ils estimaient injuste lorsqu'elle se produisait entre des professeurs d'établissements distincts, comme le sont les Lycées et les Collèges. Ils auraient admis difficilement qu'on invoquât leurs votes pour fonder cette inégalité entre des professeurs du même établissement. S'il leur paraissait déjà inadmissible que des professeurs licenciés fussent plus ou moins rétribués suivant qu'ils enseigneraient au lycée de Guéret ou au collège de Perpignan, qu'auraient-ils pensé d'une mesure qui décrétait cette inégalité de traitement entre des licenciés enseignant dans le même collège ?

Une telle façon de comprendre l'assimilation et de la réaliser ne répondait ni à leurs intentions ni aux nécessités de la situation qu'ils voulaient faire cesser. En effet, loin de déblayer le terrain administratif d'une inégalité condamnée, elle y en installait une nouvelle, plus choquante encore, que l'expérience de demain était appelée à condamner ; loin d'apaiser des réclamations légitimes, elle en soulevait d'autres bien plus ardentes ; loin de consentir à tout un personnel modeste et méritant les droits que la Chambre lui avait reconnus, elle déchirait en partie cette nouvelle charte universitaire octroyée aux professeurs de collège, et, à la place d'une réforme inspirée par l'esprit démocratique, elle établissait un régime d'exception désastreux pour la dignité des maitres et les intérêts des établissements.

Il est vrai que le Sénat avait accepté la création d'une Section supérieure pour les professeurs licenciés des collèges et attribué à cette création le crédit de 100,000 francs voté par la Chambre des Députés ; mais tout en rappelant combien cette attribution était peu conforme aux intentions manifestées par la Chambre, il ne faut pas oublier que le Sénat avait pris grand soin de préciser la façon dont il comprenait que serait employé ce crédit supplémentaire, le rapport de M. Combes le dit expressément :

« Nous n'entendons pas consacrer le principe de l'assimilation. Nous n'avons pas à nous prononcer sur le bien ou mal fondé de ce principe..... Nous vous proposons de voter un crédit pour augmenter des traitements : rien de plus, rien de moins. »

Le Sénat avait si bien senti que le principe de l'assimilation ne pouvait être consacré qu'à la condition expresse de l'être au profit de tous, qu'il avait précisé son intention de laisser cette question en suspens, se contentant de voter à coté une simple augmentation de traitement en faveur des professeurs de Collège les mieux notés et les plus méritants.

Le titre de *Section supérieure* auquel il s'était arrêté ne pouvait par suite s'appliquer qu'à une espèce de *Hors classe* où devaient entrer les professeurs les mieux notés et les plus méritants des trois ordres, murés depuis longtemps dans la 1re classe. Sans rien préjuger de la question de l'assimilation, il ajoutait simplement un échelon supplémentaire à l'échelle des traitements des professeurs de Collège. S'il en avait été autrement, si le Sénat avait accepté l'idée d'une assimilation en cours de route au profit de quelques professeurs privilégiés, il n'aurait pas pris tant de soin d'énoncer les réserves rappelées plus haut ; il n'aurait pas dit surtout en termes si catégoriques « qu'il entendait augmenter des traitement, rien de plus ».

La Direction de l'Enseignement secondaire au Ministère de l'Instruction Publique interpréta tout autrement le vote du Sénat. Elle opéra un triage parmi les professeurs licenciés des collèges, elle en choisit un certain nombre signalés par les principaux et les recteurs, comme les mieux notés et les plus méritants et, à ce titre, elle les distribua dans un cadre spécial intitulé : Section Supérieure des professeurs de 1er ordre.

Les professeurs licenciés des Collèges, quoique tous pourvus du même grade et remplissant les mêmes fonctions, se trouvèrent ainsi partagés en deux groupes et inscrits sur deux tableaux différents. Dans l'un, l'ancien, l'échelle des traitements restait la même ; dans l'autre, celui de la Section supérieure, les traitements étaient augmentés et égalisés avec ceux des chargés de cours des lycées.

Cette répartition nouvelle des professeurs licenciés n'était donc pas autre chose qu'une assimilation partielle au profit de quelques privilégiés. Comme ils continuaient à faire partie du personnel normal des collèges, ils y constituaient une aristocratie de fortune dont la naissance imprévue, si elle était condamnée catégoriquement par les votes de la Chambre, ne pouvait guère s'abriter derrière le texte du Sénat, où il était dit « qu'on n'entendait nullement consacrer le principe de l'assimilation ».

Cette interprétation imprévue et quelque peu illogique des intentions du Sénat, n'alla pas sans provoquer chez un certain nombre de sénateurs un étonnement qui ressemblait fort à une protestation.

Dans la séance du 18 Février 1902, au moment de la discussion du budget de l'Instruction publique, M. Denoix, sénateur de la Dordogne, appréciait en ces termes la demi-mesure qu'avait été la création de la Section supérieure :

« Son résultat a été d'exciter des jalousies parce qu'on n'a récompensé que certaines personnes, et est-on sûr même d'avoir récompensé celles qui méritaient le plus de l'être ?

» M. le Ministre, il faut prendre cette question dans son entier, parce qu'il est nécessaire qu'aujourd'hui il n'y ait pas parmi nos professeurs deux catégories, les uns recevant un traitement supérieur aux autres, alors qu'ils ont des fonctions absolument identiques, les mêmes grades et qu'ils rendent les mêmes services. »

Par ce vigoureux rappel aux intentions primordiales du Parlement, la question de l'assimilation se trouva du coup ramenée sur son véritable terrain et élargie jusqu'à ses justes limites.

Au moins de février 1903, M. Paul Bignon, député de la Seine-Inférieure, intervint encore énergiquement en faveur de l'assimilation intégrale. Il ne se contenta pas de démasquer l'inconséquence et l'injustice de la *Section supérieure*, classification administrative surannée, créatrice de privilèges, et oublieuse du grand principe démocratique, *à titres égaux et fonctions égales, traitement égal* ; il donna aussi des indications instructives sur la manière dont s'alimentait la caisse de cette section et fit toucher du doigt les raisons qui, chaque année, diminuaient les promotions et en tarissaient les crédits. La présence du Ministre de l'Instruction Publique à la séance et son silence devant ces affirmations restent la meilleure preuve de leur vérité (voir plus loin le discours *in-extenso* de M. Paul Bignon).

SOLUTION A COTÉ

Ainsi donc, la création de la Section supérieure n'a pas été une solution à la question de l'assimilation : elle a posé et résolu en même temps une question nouvelle qui lui avait été substituée.

Et cependant dans cet avortement même, la loi d'airain que les professeurs de collège invoquaient depuis plus de dix ans, *à égalité de grades et de fonctions, égalité de traitement*, avait manifesté ses effets ; tant il est vrai qu'il n'y a rien d'aussi impérieux, d'aussi difficile à fausser qu'un principe, surtout lorsqu'il se double d'un droit reconnu et démontré par la raison. Ainsi, l'anomalie administrative contre laquelle protestaient les professeurs lorsqu'ils demandaient par exemple qu'un licencié de collège n'eut pas un traitement inférieur à celui d'un licencié de lycée, loin de disparaître, s'est accentuée davantage par la création de cette Section supérieure : de telle sorte que leur argumentation s'est rapprochée, plus pressante, plus irrésistible.

En effet, si l'inégalité de traitement paraissait déjà choquante lorsqu'elle se produisait entre des professeurs de même grade, mais appartenant à des établissements différents, elle est pour dérouter le bon sens si on la laisse, de partis-pris, s'établir entre des professeurs de même grade exerçant dans le même établissement.

Certes, cela a été une dangereuse gageure que de vouloir puiser dans le même principe le droit de faire disparaître un privilège et de le restaurer en même temps, de s'autoriser de l'égalité du grade, tout à la fois pour assimiler d'abord quelques professeurs de collège aux professeurs de lycée, et pour refuser ensuite d'assimiler entre eux tous les professeurs de collège.

On a jeté ainsi sans le vouloir dans le personnel de ces établissements des germes de méfiance, de jalousie et d'amertume. A ces hommes qui ont mission d'essayer toujours de comprendre, pour pouvoir mieux expliquer, on a imposé le joug d'un dogme administratif dont la révélation contradictoire ne va pas sans éveiller la protestation de leur raison et les susceptibilités légitimes de leur amour-propre professionnel.

Il faut donc conclure avec M. Denoix et M. Paul Bignon que la question de l'assimilation reste posée, même et surtout après la création de la Section supérieure; celle-ci constitue une solution à coté qui, par son inconséquence même et sa limitation hâtera la solution large et juste qui doit venir.

CONCLUSION

On a pu voir par le rapide exposé qui précède, avec quelle ténacité la question de l'assimilation s'est imposée à l'attention des membres du Parlement. Voilà plus de dix ans qu'elle reparaît au moment de la discussion du budget de l'Instruction Publique ; personne, à la Chambre des députés ou au Sénat, n'a jamais songé à mettre en doute la légimité de son principe ; tous les rapporteurs ont reconnu combien sa prompte réalisation importait aux intérêts bien compris des collèges et à la dignité de leur personnel ; à trois reprises, son bien fondé a été consacré par un vote formel de la Chambre, il y a donc peu de questions qui aient provoqué plus de sollicitudes, recueilli plus de sympathies, il y en a peu aussi dont la solution ait été plus retardée.

Aussi les professeurs de collège doivent-ils se féliciter de la nouvelle attitude prise par leur ancien collègue, M. Lafferre, député de l'Hérault, a propos de l'assimilation. Elle ne peut être définitivement résolue que dans un large débat qui l'embrassera toute entière. Les demi-mesures par voie budgétaire, adoptées jusqu'ici, n'ont fait qu'amoindrir sa portée et fausser son application.

C'est le seul moyen de dissiper des défiances habilement entretenues, d'éviter des substitutions équivoques et de faire toute la vérité sur cette légendaire dépense de deux millions que l'on s'est plu trop longtemps à jeter à travers la discussion lorsqu'on la sentait sur le point d'aboutir.

Il ne parait pas douteux qu'après les explications et les documents précis qui seront apportés aux débats, il ne se trouve dans le Parlement une forte majorité pour faire disparaître enfin cette injustice administrative attardée dans les règlements universitaires et pour proclamer que dans une administration sincèrement démocratique, l'égalité des grades et des fonctions implique et impose l'égalité des traitements.

Emile ARROUSEZ,
Membre du Conseil Supérieur
de l'Instruction Publique.

L'ASSIMILATION
DEVANT LE PARLEMENT
depuis 1895

(D'APRÈS LE *Journal Officiel*)

BUDGET DE 1895

Chambre des Députés. — Séance du 14 Février 1895.

M. FAURE défend un amendement destiné à créer deux classes nouvelles de professeurs de collège. « La République doit à ces dévoués serviteurs de la démocratie une sollicitude d'autant plus grande et une réparation d'autant plus décisive que pendant trois quarts de siècle, les gouvernements antérieurs n'ont eu pour eux que défaveur, indifférence ou hostilité ». Il regrette en même temps de ne pouvoir, pour des raisons budgétaires, réaliser immédiatement l'assimilation complète réclamée par les professeurs. « Mais qu'alors au moins, ajoute-t-il, on commence à entrer dans la voie du progrès en créant six classes ».

M. RABIER combat la proposition ; cependant « il est d'accord avec M. Faure pour demander que la situation des professeurs de collège soit améliorée dès que la chose sera possible ».

M. THIÉRY-CAZES répond à M. Rabier : « Que diriez-vous si des élèves sortis de Saint-Cyr ou de Polytechnique, envoyés dans des villes plus ou moins grandes, n'avaient pas les mêmes appointements, alors qu'ils ont fait les mêmes études, ont les mêmes grades et remplissent les mêmes fonctions ?.... Si vous ne leur (aux professeurs de collège) accordez pas l'assimilation, vous laisserez croire aux citoyens, aux pères de familles qui mettent leurs enfants dans les collèges, qu'ils n'ont pas les mêmes aptitudes pédagogiques que les chargés de cours de lycée, que les études faites dans les collèges ne peuvent pas avoir un résultat aussi fructueux que dans les lycées ; alors que, si on consulte les statistiques du baccalauréat, on remarque que les collèges sont peut-être au 1er rang pour les résultats ».

Le rapporteur, M. BASTIDE, combat l'amendement pour des raisons financières. Il est néanmoins *voté* par 281 voix contre 203.

Sénat. — Séance du 4 avril 1895.

Maxime LECOMTE défend le même amendement. Il rappelle une parole de M. Charles Dupuy. « Nos maîtres d'école sont moins payés qu'en Allemagne. » Cela est vrai aussi, dit-il, pour les professeurs de collège.

NOTE. — Voici quels sont les traitements des professeurs de l'enseignement secondaire, d'après le livre récent de M. Pinloche : *L'Enseignement*

Le Ministre, M. POINCARÉ, combat l'amendement pour raison financière. Cependant, il en reconnaît bien fondé et promet d'étudier la question d'ensemble. (Cette idée a été reprise à propos du budget de 1896 par le rapporteur qui, répondant à une demande de 45.000 francs de M. Rabier, pour promotions aux agrégés, demandait au Ministre une réglementation définitive de l'avancement pour tous les fonctionnaires de l'enseignement).

Le Sénat n'a pas adopté.

BUDGET DE 1896

Commission du Budget. — Le Rapporteur, M. DELPEUCH, propose la création de deux nouvelles classes pour les professeurs de collège du 1er ordre afin de les assimiler aux maîtres élémentaires des lycées.

Chambre des Députés. — La proposition a été adoptée sans discussion.

Sénat. — Séance du 26 décembre 1895.

M. COMBES, Ministre, propose d'affecter une partie du crédit de 55.000 fr. à l'assimilation des professeurs de collège du 1er ordre aux professeurs des classes élémentaires des lycées. « Les licenciés, dit-il, sont la force vive de nos collèges. C'est grâce à eux que la faveur publique qui s'en était éloignée est revenue aux collèges. »

M. BISSEUIL, rapporteur, combat la proposition Combes. Le crédit proposé par la Commission et le Gouvernement est adopté sans qu'il soit spécifié si le Ministre est autorisé à donner au crédit l'affectation proposée.

Chambre des Députés. — Séance du 28 décembre 1895 (retour du Budget à la Chambre).

M. LEMIRE demande d'élever de 100 fr. le crédit adopté par le Sénat afin que la Chambre marque bien sa volonté d'assimiler les professeurs de 1er ordre des collèges aux professeurs des classes élémentaires des lycées pourvus comme eux du grade de licencié.

M. DOUMER, Ministre des Finances, prie M. Lemire de ne rien faire qui puisse le gêner, lui et M. Combes (Ministre de l'Instruction Publique) dans la tâche qu'ils ont l'intention d'accomplir en faveur des professeurs de collège.

M. LEMIRE retire son amendement.

M. Maurice FAURE. — « Les défenseurs des professeurs de collège acceptent évidemment, quoiqu'elle leur paraisse très insuffisante, la légère

------

Secondaire en Allemagne, Librairie Delagrave. On sait qu'en Allemagne les professeurs touchent les mêmes traitements, que l'établissement où ils enseignent appartienne à une ville ou à l'État.

En Prusse : De 2.700 à 5.100 marks. En outre la moitié des professeurs reçoit un supplément annuel de 900 marks attribué au mérite.

Bade : 2.000 à 5.000 marks.

Bavière : De 2.460 à 3.540 marks (y compris l'indemnité de logement).

Saxe : De 2.400 à 6.000 marks.

Würtemberg : 3.600 marks.

En outre, sauf en Bavière où elle est comprise dans le traitement, une indemnité de logement est accordée. Elle est, dans les villes autres que Berlin de 360 à 600 marks pour la Prusse — de 250 à 620 marks pour le Grand Duché de Bade — de 6 à 9 °/₀ du traitement en Würtemberg. Les traitements sont payés d'avance par trimestre et ne sont pas soumis à la retenue pour la retraite.

augmentation qui résulte du rapport de la commission du budget, mais il importe de dégager la signification de notre adhésion conditionnelle : dans notre esprit, il ne s'agit que d'un premier pas dans la voie nettement indiquée par la Chambre l'année dernière lors de l'adoption de mon amendement. Ce que nous désirons, c'est l'assimilation complète des professeurs de collège aux professeurs de lycée ayant le même grade. Nous la poursuivrons sans nous lasser afin qu'on ne maintienne pas le personnel enseignant des collèges, dont vous connaissez tous le dévouement et la valeur, dans une situation d'infériorité que rien ne justifie et que condamne en tous cas le respect de l'égalité devant les diplômes universitaires et les mérites constatés. *A titres égaux, situation égale, telle a été et demeure notre formule.* »

La Chambre a adopté la proposition Delpeuch (2 nouvelles classes).

BUDGET DE 1897

Chambre des Députés. — Séance du 24 novembre 1896.

M. DE GRANDMAISON parle en faveur de l'assimilation qui existe entre les lycées et les collèges de jeunes filles.

Extrait du Décret du 14 septembre 1893 paru dans le Bulletin de l'Instruction Publique du 22 du même mois :

Lycées de jeunes filles 4 classes	Collèges de jeunes filles 4 classes
Licenciées ou Certifiées	
3.400	3.400
3.100	3.100
2.800	2.800
2.500	2.500
Bacheliers, etc..	
2.700	2.700
2.400	2.400
2.100	2.100
1.800	1.800

La circulaire qui accompagne ce décret est intéressante en ce qu'elle justifie l'assimilation créée dès le début dans l'enseignement secondaire de jeunes filles.

Voir Budget 1899 — Sénat — M. Lefèvre.

M. Maurice FAURE parle aussi en faveur de l'assimilation et conclut ainsi : « *A égalité de grades universitaires, égalité de traitements dans les collèges comme dans les lycées* ».

Sénat. — Séance du 13 mars 1897.

M. RABIER propose la création d'une nouvelle classe (qui a été réalisée). « Cette dépense est justifiée ; il suffit de comparer la situation des professeurs licenciés des collèges à celles des chargés de cours des lycées.

Les uns et les autres ont les mêmes grades. Il est vrai que les chargés de cours des lycées ont ordinairement des classes plus nombreuses; mais en revanche les professeurs licenciés des collèges ont souvent plus d'heures de service et souvent aussi professent dans des classes plus élevées. Or la différence de traitement est actuellement de 1.400 fr. en faveur des chargés de cours des lycées. *En bonne justice, cet écart n'est par justifié.* Si vous votez notre proposition, il sera encore de 1.100 fr. Assurément il serait encore suffisant, plus que suffisant. »

Comparons avec les professeurs des classes élémentaires des lycées: même observation. Grades équivalents, et pourtant le traitement des professeurs de 7e et 8e des lycées dépasec de 500 fr. celui des professeurs de collège. Notre proposition acceptée, il serait encore supérieur de 200 fr.

Notre proposition est juste, opportune, nécessaire.

Opportune, car les lycées ont fait une perte de 700 élèves, compensée par les gains des collèges; opportune encore, parce qu'il y a eu des demandes inconsidérées. Il faut prouver que les intérêts des professeurs sont en bonnes mains et nous prions le Sénat de vouloir bien tenir compte « de l'attente de tout ce personnel, attente si légitime en soi et si naturellement excitée par les 4 votes de la Chambre. »

Le Sénat a adopté la création d'une classe nouvelle.

BUDGET DE 1898

Néant

BUDGET DE 1899

Chambre des Députés. — Séance du 27 février 1899. Discussion générale

M. COUYBA estime « qu'il faut accorder aux professeurs de l'enseignement secondaire public des Lycées et Collèges leur assimilation à grade égal entre eux et leur assimilation aux membres de l'enseignement primaire au point de vue de la retraite et des remises pour les voyages. Il faut aussi leur assurer des promotions de classe plus rapides et plus régulières. »

M. VIVIANI dépose un amendement où il demande d'égaliser les traitements entre professeurs de collège et chargés de cours des lycées afin de faire cesser « une situation vexatoire et injuste, créée par la loi qui assure aux chargés de cours un traitement de 4.800 fr. et aux professeurs de collège un traitement de 3.700 fr. seulement. »

Il demande un crédit de 1.000 fr. pour inviter le Gouvernement à étudier la question. Il allègue que :

1o Dans certaines villes, on prend la valeur intellectuelle et pédagogique pour la cause de la différence qui existe entre les traitements pécuniaires des professeurs ;

2o Les professeurs de collège ont à faire face à une besogne très complexe;

3o En 1893 déjà, M. Spuller, ministre, avait promis d'étudier cette réforme. En 1895, M. Rabier, Commissaire du Gouvernement, avait fait la même promesse.

Le Ministre répond en demandant l'ajournement Viviani, sous prétexte qu'on a créé une 5e classe pour améliorer la situation des professeurs de collège. Le crédit adopté pour la création de cette classe a été réparti en 5 annuités. On en est à la 3e (1899). Une somme de 62.400 fr. a été affectée à cette réforme. Le Ministre demande que la proposition revienne quand la réforme aura produit son plein effet.

L'amendement Viviani est rejeté (282 voix contre 256).

BUDGET 1900

Chambre des Députés. — Séance du 20 janvier 1900.

Amendement Viviani. — M. Viviani propose d'augmenter le crédit 57 de 1.000 fr. pour assurer l'assimilation pécuniaire entre les professeurs de collège et les chargés de cours des lycées.

Il dit en résumé :

1o Il prend la suite de M. Maurice Faure, qui, avant d'être rapporteur du Budget de l'Instruction Publique, avait été le défenseur obstiné de cette réforme. Il rappelle la différence des traitements (maximum 4.800 et 3.700 f.).

2o Comme il ne connaît qu'une objection, le budget, il propose 1.000 fr. à titre d'indication.

3o On a une tendance à supprimer les inégalités : depuis le décret Spuller 1887 les chargés de cours des petits lycées touchent le même traitement que dans les grands.

4o Complétons ces mesures :

a pour le bon renom de l'Université, n'ayons pas l'air de déprécier des services en les payant moins ;

b par justice (service chargé, etc..).

5o Le même amendement a recueilli 252 voix en 1899.

M. Leygues, ministre, répond : « L'amendement est inutile. La commission parlementaire est saisie de la question ; elle sera résolue à bref délai ».

L'amendement Viviani a été *adopté.*

Sénat. — Séance du 5 avril 1900.

M. Alexandre Lefèvre, sénateur de la Seine, demande que le ministre s'engage comme à la Chambre à opérer l'assimilation des professeurs de collège et des chargés de cours des lycées. Voici ses arguments :

1o Différence de traitement entre les deux catégories de professeurs.

2o Professeurs de collège souvent plus chargés — il connaît un professeur de Rhétorique qui est en même temps professeur de Seconde, de Seconde moderne et de Premières-Lettres.

Mais, d'une part, le Ministre a répondu à M. Viviani : « Je crois pouvoir affirmer à la Chambre que nous lui apporterons bientôt une solution. A la Commission de l'Enseignement Secondaire, la question a fait l'objet d'un long examen. »

D'autre part, M. le Rapporteur de votre Commission des Finances a écrit :
« Nous espérons que le Gouvernement saura entreprendre sans retard cette
importante et nécessaire réforme. »

M. LEFÈVRE ajoute une 3e raison. C'est que l'amélioration réclamée pour
les collèges de garçons est réalisée depuis longtemps pour les collèges de
filles.

Voici à ce propos un extrait de la circulaire qui accompagne le décret
fixant le traitement des professeurs des lycées et collèges de filles (Bulletin
du 22 septembre 1883).

« Vous remarquerez que les maîtresses chargées de cours des lycées et
les professeurs titulaires des collèges, qui devront d'ailleurs être pourvus
des mêmes grades, auront droit aux mêmes avantages pécuniaires. On a
voulu prévenir autant que possible des demandes de changement de résidence et donner au personnel une stabilité dont profiteraient à la fois les
établissements et les fonctionnaires. »   — Signé : Jules FERRY.

M. LEYGUES, ministre, répond qu'il ne fait aucune difficulté de prendre
devant le Sénat le même engagement que devant la Chambre : « Le Ministère et la Commission s'occupent de la question et, comme je l'ai dit à la
Chambre des Députés, j'espère apporter sous peu une solution au
Parlement. »

BUDGET 1901

Chambre des Députés. — Séance du 7 décembre 1900.

M. DE LA BATUT. — L'an dernier, dit-il, sur la proposition de M. Viviani,
la Chambre a inscrit un crédit de 1,000 fr. à titre d'indication. Le Ministre
a inscrit cette année 10,000 fr., dans le but de faire disparaître une inégalité.
Le crédit a été supprimé par la Commission du Budget. Il propose l'amendement suivant : « Rétablir la somme primitivement demandée par le
Gouvernement en faveur de l'assimilation des professeurs de 1er ordre aux
chargés de cours des lycées et relever le crédit de 10.000 francs ».

M. DE LA BATUT rappelle les différences de population de certains lycées
et collèges.

Voici, à titre d'indication, un tableau comparatif de la population sco-
laire de 10 lycées et 10 collèges, d'après les chiffres fournis par le Rapport
de la Commission de l'Enseignement secondaire, chiffres établis au
31 décembre 1898.

Lycées		Collèges	
Auch	171 élèves	Épinal	304 élèves
Pontivy	176 —	Saint-Pol-de-Léon	320 —
Vendôme	178 —	Morlaix	320 —
Rodez	180 —	Cette	333 —
Saint-Omer	181 —	Compiègne	388 —
Digne	182 —	Béziers	350 —
Coutances	210 —	Lesneven	352 —
Bayonne	211 —	Châlons-sur-Marne	388 —
Chaumont	211 —	Dunkerque	388 —
Annecy	216 —	Ajaccio	589 —

M. DE LA BATUT ajoute que les services rendus par les collèges sont
absolument les mêmes que ceux rendus par les lycées. Les classes sont
identiques. La population des villes est supérieure dans beaucoup de cas.

Tableau comparatif de la population de 10 villes de lycées et de 10 villes de collèges

Villes avec Lycée		Villes avec Collège	
Foix	6.722 hab^{ts}	Arras	26.144 hab^{ts}
Digne	7.300 —	Epinal	26.525 —
Coutances	7.403 —	Châlons-sur-Marne .	26.636 —
Pontivy	9.200 —	Armentières	29.603 —
Vendôme	9.508 —	Cette	32.739 —
Gap	1.376 —	Perpignan	33.900 —
Annecy	12.894 —	Dunkerque	39.718 —
Chaumont	13.420 —	Boulogne-sur-Mer ...	46.807 —
Auch	14.838 —	Béziers	48.012 —
Rodez	16.200 —	Calais	56.940 —

M. DE LA BATUT termine en rappelant que dans les collèges le service est aussi chargé et le zèle aussi intense que dans les lycées, et que les résultats au baccalauréat sont meilleurs dans les collèges, proportionnellement au nombre des candidats. — De plus, à part quelques grands centres, la vie n'est pas moins chère dans les villes où il y a des collèges. — Enfin, c'est une question de justice.

M. PERREAU, rapporteur, repousse le crédit pour raison budgétaire tout en reconnaissant que la Chambre des Députés, par deux votes en 1899 et 1900 a admis le principe de l'assimilation à égalité de grades avec les chargés de cours des lycées.

M. VIVIANI plaide pour la 3e fois la cause des professeurs depuis 3 ans. Il s'étonne, ayant eu gain de cause à la Chambre l'année précédente, d'être forcé de défendre à la tribune une réforme obtenue. Il trouve que le rapporteur n'a oublié qu'une chose dans sa thèse, c'est de faire apparaître l'iniquité et l'inégalité de la situation.

L'amendement La Batut a été voté.

Sénat. — Séance du 6 février 1901.

M. DENOIX parle d'abord de la situation privilégiée des chargés de cours, situation devenue stable (Décret du 21 février 1897). Il reprend les arguments de M. de La Batut. Il demande ensuite au Ministre de prendre la question dans son ensemble afin de la résoudre complètement. La réforme est possible en déplaçant 2 millions du budget et en donnant un peu plus de service, si c'est nécessaire, aux professeurs.

« De quoi se plaint-il, ce personnel remarquable de l'Enseignement secondaire ? Non de trop travailler, mais de ce que son travail n'est pas assez rémunérateur. Le professeur n'est plus le bohême littéraire de 1830. Il a une famille, partant un budget familial, rigoureusement établi. S'il ne suffit pas, il y a des inquiétudes et le professeur s'en ressent. Il n'est plus à sa classe, et dans son ménage, il n'y a aucun rayon de gaieté. »

Réponse de M. LEYGUES, ministre :

Sans doute notre ambition est d'améliorer la situation matérielle de ce personnel. Nous pensons que si nous pouvions dégager complètement nos maîtres des préoccupations matérielles qui pèsent sur eux, nous aurions accompli une œuvre utile.

En réalité, les maîtres de l'Enseignement secondaire n'élèvent pas autant de plaintes qu'on pourrait le croire. (Assertion infirmée par le Rapport Bepmale, Budget 1003).

La plupart se déclarent satisfaits de leur sort et se oontentent de la situation très honorable qu'ils ont dans l'Université. L'assimilation doit être considérée comme un poste d'avancement soit pour professeurs méritants, soit pour candidats à l'agrégation. Indépendamment du grade, il faut considérer la fonction. Il y a des collèges considérables, plus forts que certains lycées. Nombre de professeurs rendent de grands services. Ils préparent avec succès aux grandes écoles et aux baccalauréats. D'autres restent dans les collèges quoique pouvant être appelés dans les lycées. On les assimilera.

BUDGET 1902

Chambre des Députés. — Séance du 18 février 1902.

M. Maurice FAURE, rapporteur du Budget de l'Instruction Publique :

« La Commission du Budget estime que l'assimilation des professeurs de collège ce tout ordre, brevetés, bacheliers et licenciés, à ceux des lycées est très désirable ; cette mesure lui apparaît comme *un acte de justice et d'équité* éminemment favorable à nos collèges, où il est bon de maintenir les meilleurs professeurs qui souvent les désertent par suite des traitements supérieurs qu'ils reçoivent dans les lycées. Des raisons d'ordre financier ont seules pu expliquer l'ajournement de cette assimilation. *Je tiens à déclarer que la Commission du Budget y est tout particulièrement favorable.* »

Sénat. — Séance du 8 juillet 1902.

M. DENOIX, sénateur de la Dordogne : « M. le Ministre, permettez-moi de vous demander s'il n'y aurait pas moyen d'assimiler les professeurs de collège aux professeurs de lycée.

C'est une question qui, à mon point de vue, est capitale. Voilà des hommes dont l'instruction, le grade universitaire, sont les mêmes, qui ont les mêmes élèves, qui préparent aux mêmes examens et obtiennent les mêmes résultats ; pourquoi donc ne sont-ils pas traités sur le même pied ? Entre les professeurs de collège et les professeurs de lycée, il y a un écart considérable au point de vue du traitement. On est en droit de se demander pourquoi cette inégalité de traitement, cette faveur pour certains, puisque tous ont les mêmes grades, la même tâche.

Cette réforme a déjà été étudiée. Il y a quelques années, on avait réuni un conseil de professeurs pour l'examiner dans son ensemble, mais on s'est buté à une question financière et elle a été ajournée.

Cependant, l'an passé, il a été inscrit à votre budget une somme de 100,000 francs et *au lieu de donner satisfaction à ce personnel excessivement méritant, le résultat de cette demi-mesure a été d'exciter des jalousies, parce qu'on n'a récompensé que certaines personnes, et — est-on sûr même d'avoir récompensé celles qui méritaient le plus de l'être ?*

M. le Ministre, il faut prendre cette question dans son entier, il faut la résoudre complètement parce qu'il est nécessaire qu'aujourd'hui il n'y ait pas parmi nos professeurs deux catégories, les uns recevant un traitement supérieur aux autres, alors qu'ils ont des fonctions absolument identiques, les mêmes grades et qu'ils rendent les mêmes services. »

BUDGET 1903

Extrait du Rapport Bepmale.

« Ce sont les professeurs de collège qui adressent aux représentants les demandes les plus pressantes... D'abord, disent-ils, Jules Ferry a voulu réaliser l'assimilation en 1881, ainsi qu'il résulte des déclarations adressées aux délégués des Collèges au Conseil Supérieur. »

M. BEPMALE rappelle le décret de 1837 réglant les traitements et l'avancement des professeurs de collège et des chargés de cours, montrant les inégalités entre les 2 catégories :

Chargés de cours, 6 classes ; délai de promotion, 2 ans ; promotions de 400 fr. Professeurs de collège, 5 classes ; délai de promotion, 4 ans ; promotions de 300 francs.

La situation des chargés de cours est stable par décret du 21 février 1897.

Résultat : Inégalité de traitement malgré l'égalité de titres et de services.

« On ne peut se dissimuler la force de ces arguments lorsqu'ils sont appuyés de comparaisons comme celle-ci ... cette nécessité d'introduire plus d'équité dans la situation respective des professeurs de lycées et de collèges, M. Maurice Faure et la Chambre avec lui l'ont affirmée en 1902. Jusqu'à l'heure où l'assimilation sera faite entre les lycées et les collèges, *que ceux-ci auront été arrachés à la situation inférieure dans laquelle on semble prendre à tâche de les maintenir,* jusqu'à ce jour, c'est au ministre qu'il appartient de prendre l'initiative des ouvertures de crédit nécessaires pour donner aux professeurs de collège la satisfaction qu'ils sollicitent. Nous ne pouvons qu'affirmer la justesse de leurs revendications et appeler sur elles la bienveillante attention du Grand-Maître de l'Université. »

Chambre des Députés, — Séance du 4 février 1903.

M. COUYBA parle en faveur des instituteurs.

M. CHAUMIÉ, ministre : « Le Gouvernement est profondément convaincu que la situation des instituteurs est des plus digne d'intérêt. Mais j'ajouterai qu'il y a dans l'Enseignement Secondaire bien des professeurs de collège dont la situation est aussi digne d'attirer notre attention, sur lesquels se porte notre sollicitude. »

M. COUYBAS : « Je ne les sépare pas des instituteurs dans l'égale sollicitude dont, comme vous, je les crois dignes. »

M. CHAUMIÉ : « Je le sais. Dès mon arrivée au Ministère, je me suis donc préoccupé de cette question, et il m'a paru qu'il n'était pas possible, quelles que fussent les difficultés budgétaires actuelles, de ne pas marquer d'une façon effective ce sentiment. »

Chambre des Députés. — Séance du 6 février 1903.

M. Paul BIGNON. — Messieurs, je viens présenter quelques rapides observations sur le chapitre 65 du budget de l'Instruction publique : « Compléments de traitements des fonctionnaires et professeurs des collèges communaux de garçons ». Le crédit demandé par le Gouvernement était de 1.415.000 francs ; la commission du budget propose le même chiffre.

Comme le dit fort bien M. Bepmale dans son rapport et comme le disait M. Lafferre, il y a quelques instants, c'est ici que trouverait place la discussion sur l'assimilation des professeurs licenciés aux chargés de cours des lycées. M. Bepmale ajoute : « Tous les ans, au moment de la discussion du budget, cette question se pose à nouveau sans que la solution attendue par les intéressés puisse jamais intervenir ».

Je ne veux pas laisser passer ce débat sans entretenir la Chambre, pendant quelques instants, de la situation qui est faite à certains professeurs de nos collèges.

Je ne voudrais pas lire ici le rapport de M. Bepmale. La plupart d'entre vous l'ont certainement parcouru. Je me borne à le recommander à votre attention, et surtout à l'attention de ceux d'entre vous qui ont des collèges communaux dans leur circonscription, car ils y trouveront des renseignements très intéressants, des renseignements inédits et qui seront très utiles aux maires des communes qui possèdent des établissements municipaux d'enseignement secondaire.

Parlant de la situation des professeurs des collèges communaux, M. Bepmale s'exprime ainsi :

« Le chargé de cours en province débute à 2.800 et arrive à 4.800 francs, tandis que le professeur de collège, avec des grades égaux, des fonctions ordinairement plus complètes, plus chargées, est rétribué de 2.500 à 3.700 francs.

» Les chargés de cours des lycées peuvent obtenir au bout de deux ans une promotion de 400 francs.

» Les professeurs de collèges ne peuvent obtenir qu'au bout de quatre ans une promotions de 300 francs.

» En plus des promotions régulières, le ministre a demandé en 1900 au Parlement qui le lui a accordé un crédit de 75.000 francs pour permettre l'attribution de promotions à certains professeurs. »

Mais cette attribution a été omise, ou plutôt a été distribuée à la section dite supérieure des professeurs de premier ordre. »

M. Bepmale ajoute, et je suis d'accord avec lui :

« Mais ce n'est pas seulement par la minimité de ses allocations que l'Etat laisse les collèges communaux dans une situation inférieure. Il les considère volontiers comme des établissements subalternes où n'est distribué qu'un enseignement de second ordre. »

Le fait est certain ; avec les titres universitaires égaux, les maîtres qui enseignent dans les collèges et lycées ne reçoivent pas les mêmes émoluments. Ce collège fût-il, comme nombre d'élèves, comme résultats obtenus, supérieur au lycée, les maîtres qui y professent ne sont pas traités sur le même pied d'égalité que les maîtres de lycées. Eh bien ! il y a là une injustice contre laquelle, avec le Rapporteur (M. Bepmale), je tiens à protester. Il ne faut pas traiter les professeurs des collèges comme des déshérités ; il faut au contraire les aider et les soutenir.

D'accord avec l'honorable rapporteur, je tiens donc à venir protester contre le traitement qui est fait aux professeurs de nos collèges communaux, qui ont les mêmes titres et les mêmes mérites que les professeurs de nos lycées.

Je ne veux pas apporter ici de longs développements. Je désire cependant appeler l'attention de M. le Ministre de l'Instruction publique sur des renseignements que j'ai puisés aux meilleures sources : dans le rapport général de M. Berteaux, dans le rapport si remarquable de M. Bepmale, dans le projet de M. le ministre de l'Instruction publique et surtout dans les établissements d'enseignement secondaire, dans des collèges communaux ou municipaux.

Il y a dans les collèges 3 ordres de professeurs :

1er ordre : licenciés et certifiés.

2ᵉ ordre : bacheliers (ou licenciés ayant le traitement de bachelier).

3ᵉ ordre : brevetés (ou bacheliers avec le traitement de breveté).

Chaque ordre est divisé en cinq classes.

Voici, pour le premier ordre, la marche des traitements :

```
5ᵉ classe........................... 2.500
4ᵉ classe........................... 2.800
3ᵉ classe........................... 3.100
2ᵉ classe........................... 3.400
1ʳᵉ classe........................... 3.700
```

Depuis longtemps, l'assimilation des professeurs de collège aux professeurs de lycée est proclamée — à titre égal. Un licencié, professeur de collège, arrive, au maximum, à 3.700 fr. ; un licencié, chargé de cours dans un lycée, arrive, au maximum, à 4.800 fr.

Il y avait une inégalité fâcheuse ; comme amélioration, voici ce qui a été fait :

1º On a laissé entièrement de côté les professeurs du 2ᵉ et 3ᵉ ordre ;

2º On a créé, dans le 1ᵉʳ ordre, une section dite « supérieure » où sont inscrits quelques rares privilégiés, un vingtième environ.

Or, voici la conséquence immédiate : Dans un même établissement se trouvent, par exemple, dix professeurs ayant mêmes titres, remplissant mêmes fonctions, ayant à peu près même mérite, et entre lesquels il est souvent très difficile de faire un choix heureux, choix d'ailleurs qui jettera toujours la division dans le personnel de l'établissement.

Parmi ces collègues, les uns, les plus nombreux, n'arriveront jamais — s'ils y arrivent ! — qu'à 3.700 francs vers la soixantaine, tandis que les privilégiés atteindront sûrement 4.800 francs. Il y a là une différence de 1.100 francs. Cette différence, qui paraissait choquante entre un licencié professeur de collège et un licencié professeur de lycée, paraît maintenant scandaleuse et absolument inexplicable entre deux professeurs de collèges ayant mêmes titres, mêmes fonctions et même mérite. Voilà le côté délicat de la situation actuelle.

En outre, depuis cette création de la section supérieure, les promotions ordinaires sont on ne peut plus rares ; et il semble certain qu'on rogne sur les traitements supplémentaires des privilégiés.

Quoi qu'il en soit, voici des constatations faites dans le même établissement :

Un professeur certifié voit, dans un intervalle de sept ans, son traitement passer de 3.400 fr. (1ᵉʳ janvier 1896) à 4.000 francs (1ᵉʳ janvier 1903), par la création de la section supérieure.

Un professeur licencié, dans un intervalle de huit ans, n'a aucune augmentation.

Un professeur certifié, ancien candidat à l'agrégation, n'a eu aucune augmentation en neuf ans et est toujours dans l'avant-dernière classe de son emploi.

Voici la situation exacte faite à certains professeurs de nos collèges communaux.

L'an dernier, le Parlement avait voté des crédits pour améliorer leur sort. Comme je l'ai dit au début de ces explications, le crédit est passé à la section supérieure tirée du premier ordre. Et c'est à cette section, qui se compose des professeurs plutôt favorisés, que tout ou presque tout est allé. Il en résulte que les deux autres ordres, le deuxième et le troisième, et les neuf dixièmes du premier n'ont rien vu.

J'affirme que des professeurs ont bénéficié de deux ou trois promotions, alors que leurs camarades du même grade n'en ont reçu aucune.

L'effet de ces combinaisons se traduit comme suit :

1.100 francs de différence au point d'arrivée entre des professeurs du même grade. Les uns finissent avec 4.800 francs, les autres avec 3.700 fr.

Voilà la conséquence immédiate de ces faits. Est-ce là ce qu'a voulu le Parlement? Je ne le crois pas.

Je crois devoir ajouter qu'il n'y a entre les professeurs aucun sujet d'animosité : c'est l'organisation de l'avancement qui est mauvaise.

Avant la prétendue amélioration, l'avancement était lent mais assez régulier.

Depuis la création de la classe supérieure, l'avancement est complètement entravé.

Il était parfait d'assimiler les licenciés et certifiés du premier ordre des collèges à leurs collègues des lycées, mais il fallait que ce fût fait à l'aide de ressources spéciales et non au détriment de leurs collègues des classes inférieures.

Si M. le Ministre voulait du reste se faire remettre au hasard un état des traitements de 1892 et de 1902, la comparaison serait suffisamment éloquente pour lui.

J'en ai fini et désirant appeler l'attention de la Chambre sur le sort des professeurs dont je viens de parler, je dépose sur le bureau de la Chambre le projet de résolution suivant :

« La Chambre décide que l'augmentation prévue au chap. 65 (complément de traitements des fonctionnaires et professeurs des collèges communaux de garçons) sera répartie également entre les professeurs ayant mêmes services et mêmes titres, et ne servira pas exclusivement à la section dite supérieure des professeurs du premier ordre. »

Proposition de Loi

ayant pour objet

1° l'assimilation des professeurs de 1er ordre des collèges communaux *et des* professeurs des classes élémentaires des lycées *et des* chargés de cours certifiés de l'enseignement spécial *aux* chargés de cours licenciés des lycées.

2° l'assimilation des professeurs du 2e et du 3e ordre des collèges *aux* maîtres élémentaires des lycées.

(Urgence déclarée. — Renvoyée à la Commission du Budget)

PRÉSENTÉE PAR

MM. L. LAFFERRE, Paul BIGNON, THIERRY-CAZES, ROCH, ALLARD, Etienne FLANDIN, DEVÈZE, Henry MICHEL, MAS, POISSON, DUMONT, MIRMAN, PÉRONNEAU, DASQUE, RAZIMBAUD, COUYBA, TOURGNOL, THÉRON, BÉNÉZECH, AUGÉ, ALDY, BOURAT, CARNAUD, Emile CÈRE, Paul CONSTANT, CORNET, FITTE, OZUN, SAUZÈDE, R. LEYGUE, HUGON, d'IRIART d'ETCHEPARE, Louis JOURDAN, LESAGE, PASTRE, Albert TOURNIER, Octave VIGNE, BOUEY-ALLEX, BEAUQUIER, COULONDRE, BAUDON, PAJOT et ROULAND,

Députés

EXPOSÉ DES MOTIFS

HISTORIQUE

Messieurs,

La question de l'assimiliation des professeurs de premier ordre des collèges aux chargés de cours de lycée ne date pas d'hier.

Dès 1881, Jules Ferry la promettait par une déclaration spontanée aux délégués des collèges au conseil supérieur de l'instruction publique.

Cette promesse était renouvelée en 1894 par Spuller, en 1895 par M. Rabier, directeur général de l'enseignement secondaire.

Il est vrai qu'il s'agissait surtout des professeurs licenciés, pourvus du grade qui confère plus spécialement la faculté d'enseigner, et c'est d'ailleurs sur ce point que s'est porté l'effort de ceux de nos collègues qui ont pris à plusieurs reprises la défense des professeurs de collège.

Mais il est bien certain que la question de l'Assimilation pour tous ne saurait être écartée et que le principe énoncé dans cette formule : « A égalité de grade, égalité de traitement, » doit recevoir tôt ou tard une application intégrale, si l'on veut réaliser la justice totale.

Il est juste de rappeler ici les efforts accomplis depuis sept ou huit ans par nos collègues pour déterminer le vote du Parlement.

Successivement MM. Maurice Faure, Viviani, de La Battut, Lafferre à la Chambre, Denoix au Sénat, et en 1903 notre collègue M. Bignon ont porté la question à la tribune.

L'adoption par la Chambre de l'amendement de La Battut en 1901, détermina après le vote du crédit par le Sénat, la création de la section supérieure des professeurs du premier ordre des collèges, et malgré les réserves de principe dont le rapporteur du Sénat avait entouré le vote du crédit, la Chambre accepta cette création comme un premier pas dans la voie de l'Assimilation.

La question de l'Assimilation n'en reste pas moins entière et la proposition de loi que nous avons l'honneur de vous soumettre l'envisage dans son ensemble pour la première fois.

Nous exposons brièvement en quoi consiste l'injustice à laquelle nous vous proposons de mettre un terme.

Inégalité de traitement

D'abord les professeurs licenciés ou pourvus de grades équivalents classés dans le premier ordre des collèges, débutent à 2.500 fr. dans la cinquième classe et peuvent arriver à 3.700 dans la première classe. Ils peuvent recevoir une promotion de classe tous les quatre ans. En face d'eux les chargés de cours des lycées, pourvus des mêmes grades, ont des traitements, échelonnés en six classes, qui s'élèvent de 2.800 à 4800 francs, dépassant de 1.100 francs le maximum des traitements des collèges, avec cet avantage sur eux qu'ils peuvent obtenir une promotion tous les deux ans.

Le pourcentage

Il est vrai que le système du pourcentage, en limitant le nombre de professeurs de chaque classe, a eu, pour les uns et les autres, depuis que la péréquation a été réalisée, le fâcheux résultat de rendre illusoire cette possibilité d'avancement tous les deux ou tous les quatre ans.

C'est peut-être la seule égalité qu'ils aient connue, l'égalité dans l'énervement de l'attente et du piétinement sur place, encore que l'arrêt dans l'avancement se soit fait plus cruellement sentir pour les professeurs de collèges, qui attendent sept, huit et même neuf ans, une promotion qui ne vient jamais.

Les professeurs du 2e et 3e ordre

En ce qui concerne les professeurs du 2e et du 3e ordre des collèges, l'inégalité est plus choquante encore et pour d'autres raisons.

On pourrait soutenir à la rigueur que les chargés de cours de lycée, en passant par le collège où ils se sont distingués, n'ont fait que recevoir un avancement mérité, étant admis que les nominations directes de licenciés dans les lycées sont des exceptions négligeables.

On a même exprimé cette opinion que le chargé de cours a reçu un avancement exceptionnel, mais acheté par des mérites constatés et reconnus, si bien que, dans une certaine mesure, cette inégalité de traitement s'explique, si elle ne se justifie pas entièrement.

Pour le 2e et 3e ordre, il n'en est pas ainsi.

Les maîtres élémentaires des lycées y sont toujours entrés après un stage plus ou moins long, plutôt très court, dans une école primaire publique de garçons.

Or, voici la différence de traitement qui les séparent de leurs collègues des collèges.

Un bachelier débute dans un collège à 1,900 francs et peut arriver à 3,000 francs ; un bachelier débute dans un lycée à 2,100 francs et arrive à 3,600 francs.

Les brevetés dans les lycées passent successivement de la 6e classe à 2,100 francs, à la 1re à 3,100 francs, tandis que les brevetés de 3e ordre des collèges reçoivent 1,600 francs en 5e classe et peuvent arriver à 2,700 francs.

Les Professeurs des classes élémentaires des lycées

Quant aux professeurs des classes élémentaires des lycées ils font remarquer avec raison qu'ils avaient autrefois et qu'ils ont encore aujourd'hui des traitements supérieurs à ceux du premier ordre des collèges, quoique inférieurs à ceux des chargés de cours de lycée, et que pendant plusieurs années on s'est borné à demander pour les licenciés des collèges une situation égale à la leur.

Serait-il juste maintenant qu'ils fussent moins bien traités que ceux qui n'avaient d'abord émis d'autre prétention que de se hausser à leur niveau ?

Les chargés de cours
certifiés de l'enseignement spécial

Enfin, par une anomalie inexplicable, les chargés de cours certifiés de l'enseignement spécial ou pourvus de l'ancien brevet de Cluny sont rangés en 4 classes et voient leur avancement arrêté au traitement de la 3e classe des autres chargés de cours, conformément au tableau comparatif ci-après.

Tableau B

Chargés de cours licenciés ou certifiés de langues

1re classe...................................... 4.800
2e   — 4.400
3e   — 4.000
4e   — 3.600
5e   — 3.200
6e   — 2.800

Tableau C

Chargés de cours certifiés de l'enseignement spécial

1re classe...................................... 4.000
2e   — 3.600
3e   — 3.200
4e   — 2.800

Les Objections

On ne peut élever contre l'assimilation aucune objection vraiment solide.

Les catégories de lycées

On aurait pu autrefois invoquer contre elle la distinction des lycées en catégories, qui avait pour résultats de donner des traitements différents, suivant la résidence, à des maîtres pourvus des mêmes grades et des mêmes titres.

On sait que depuis plusieurs années cette distinction a disparu et que l'unification des traitements a été réalisée en même temps que la suppression des catégories.

On ne peut donc plus se prévaloir ni des dépenses inégales ni de la cherté des vivres dans les différentes villes.

Stabilité des fonctions de chargé de cours

On ne peut pas invoquer davantage le caractère instable et éphémère des fonctions de chargés de cours, puisque le décret du 26 février 1897, leur a conféré en même temps la titularisation et le maintien de leurs traitements actuels.

Leurs fonctions sont bien des fonctions définitives et non des situations transitoires ni une sorte de stage préparatoire à l'agrégation.

Argument spécieux

Nous nous arrêtons à peine, tant il nous paraît spécieux, à un autre argument qui consiste à soutenir que ce n'est pas le grade qui confère la valeur professionnelle et que les chargés de cours sont en principes des licenciés d'une espèce supérieure.

Comme le disait très finement en 1902 le rapporteur du *Sénat*, M. Combes, « où il y a préférence à égalité de grades, le doute garde ses droits et la critique ses préventions. »

Quoi qu'il en soit, le Sénat n'est pas arrivé à se mettre d'accord avec la Chambre sur un vote de principe en faveur de l'assimilation.

Mais il faut reconnaître que le Sénat, en refusant de se prononcer, a surtout obéi à des considérations d'ordre budgétaire.

Le rapport de M. Combes

A vrai dire, ce qui a arrêté le rapporteur du Sénat, c'est moins l'importance de la dépense que son incertitude et surtout la crainte de s'engager, sans un examen approfondi, dans une voie au bout de laquelle on pourrait rencontrer l'unification intégrale des traitements, réclamée au nom du principe d'égalité et de justice par une formule bien connue : à égalité de grades, égalité de traitement.

Le rapport de M. Bepmale

Le rapporteur du budget de 1903 à la Chambre, M. Bepmale, se faisait également l'écho de cette crainte, lorsqu'il montrait les répétiteurs des lycées et des collèges réclamant à leur tour l'égalité de traitement avec les membres du corps enseignant, les professeurs licenciés des écoles primaires supérieures s'élevant, avec les mêmes bonnes raisons, contre les cloisons étanches qui séparent les trois ordres d'enseignement et aspirant, eux aussi, à marcher de pair avec leurs collègues de l'enseignement secondaire.

Et M. Bepmale arrivait à cette conclusion qu'il fallait regarder courageusement le problème en face, procéder à une révision totale des traitements du personnel enseignant à tous les degrés, afin de réaliser la justice intégrale.

Réponse à M. Bepmale

Nous partageons en principe la manière de voir de M. Bepmale, et nous préconiserions volontiers sa méthode si à l'heure actuelle elle ne nous paraissait offrir quelque danger.

L'expérience nous apprend qu'en matière budgétaire il faut sérier les dépenses et procéder par tranches.

A vouloir prêter l'oreille au même moment à toutes les réclamations légitimes, on risque de n'en écouter sérieusement aucune.

Il est plus sage de s'attacher d'abord aux plus justes, aux plus évidentes, aux moins discutées et de les aborder de front.

Le temps, la patience, des efforts continus feront arriver les autres à maturité.

La section supérieure des collèges

A l'heure actuelle, tout l'effort du Parlement dans la voie de l'assimilation a abouti à la création d'une section supérieure des professeurs du 1er ordre des collèges dans le budget de 1902.

Le libellé de la Chambre au chapitre 59

La Chambre, sur la proposition du Gouvernement, avait adopté une rédaction par laquelle elle décidait l'assimilation dans la proportion de 10 0/0 de l'effectif des professeurs de premier ordre des collèges aux chargés de cours des lycées et elle votait à cet effet un crédit de 100.000 francs à répartir en dix annuités de 10,000 francs.

Si le libellé du chapitre 59 avait été admis par le Sénat, le principe de l'assimilation aurait été admis, et la suppression graduelle du pourcentage aurait fini par réaliser l'assimilation intégrale.

Le libellé du Sénat

Mais le Sénat a refusé d'entrer dans cette voie.

Il n'a pas voulu se prononcer sur le principe de l'assimilation.

Il a voté 10,000 francs pour la création d'une section supérieure des professeurs du premier ordre des collèges, dont il n'a du reste fixé ni les limites, ni les conditions, ni les bénéficiaires.

Il a abandonné tout cela à l'appréciation la plus large du Gouvernement et a déclaré qu'il n'avait d'autre but que de voter un crédit pour améliorer des situations.

Interprétation du Gouvernement

Que pouvait faire le Gouvernement ?

Il pouvait créer, à l'aide de ces ressources, une sorte de hors classe et y admettre les professeurs de la première classe, les plus intéressants en somme, puisqu'ils sont murés sans espoir dans une situation sans issue.

En même temps il aurait dégagé les classes inférieures et amélioré, suivant la pensée du Sénat, des situations à l'égard desquelles, depuis l'achèvement de la péréquation, la bienveillance de l'administration se trouvait paralysée.

En adoptant cette interprétation, elle serait restée dans la logique des votes antérieurs du Parlement, qui précédemment avait amélioré la situation des professeurs de collège par la création d'une classe de plus à 3,700 francs.

Elle aurait fait pour les professeurs des collèges ce qui a été fait pour les professeurs des lycées, quand on a nommé hors classe un certain nombre de professeurs de la première classe.

Mais le Sénat aurait dû s'expliquer plus clairement ; il ne l'a pas fait.

Bien plus, il a laissé l'Administration dans l'équivoque et dans l'arbitraire par la rédaction obscure de ce texte :

« L'Administration pourra proportionner le traitement au mérite du sujet, ainsi qu'à l'importance de la fonction. »

Ainsi, s'il avait plu à l'Administration de partager le crédit entre cent, cinquante, vingt professeurs émérites, rien ne pouvait l'en empêcher.

Il faut reconnaître cependant que l'Administration, tout en respectant les scrupules budgétaires du Sénat et sa volonté de s'abstenir sur la question de principe, a essayé de traduire dans une certaine mesure la pensée de la Chambre.

Elle n'a pas inscrit les professeurs du premier ordre des collèges dans le même tableau que les chargés de cours des lycées dans la proportion d'un dixième ; mais elle a placé dans une section supérieure de véritables chargés de cours ayant les mêmes traitements, sinon les mêmes règles d'avancement.

Nos critiques

On a pu chicaner sur l'absence de tout critérium tangible, sur le choix de ces nouveaux chargés de cours parmi les professeurs trop jeunes ; mais il faut reconnaître que le Gouvernement n'a dénaturé la pensée primitive de la Chambre que dans la mesure où il y a été contraint par le vote du Sénat, accepté sans discussion par elle.

Ce que nous ne pouvons accepter, ce que le personnel des collèges dans son ensemble n'accepte pas, c'est le principe même de la création, dans le même établissement, d'une section supérieure, qui semble ravaler à une situation inférieure tout ce qui n'a pas mérité d'être classé dans cette section.

Répétons-le avec force : c'est le principe même de cette création qui est mauvais ; car, loin de faire disparaître l'inégalité de traitement entre des professeurs pourvus des mêmes grades, mais placés dans des établissements différents, il l'aggrave encore et la souligne de la manière la plus choquante, en installant dans le même collège cette inégalité même, source de jalousies et de mécontentements.

Peut-être l'Administration avait-elle un moyen d'atténuer le mauvais effet de cette création. C'était l'adoption d'un critérium tangible, indiscutable pour le choix de ses élus.

Elle aurait pu se souvenir que les chargés de cours d'autrefois étaient choisis de préférence parmi les admissibles à l'agrégation, et elle aurait dû se rendre compte que rien n'est plus choquant que de voir dans nos collèges de vieux professeurs, plusieurs fois admissibles à l'agrégation, primés par des licenciés plus jeunes, non admissibles à l'agrégation, soit pour les postes de chargés de cours, soit pour le classement dans la section supérieure.

Elle aurait dû, à notre avis, s'imposer comme une règle inflexible d'y faire entrer d'abord les admissibles à l'agrégation, puis les professeurs de la première classe, et ainsi de suite.

Elle n'aurait soulevé aucune protestation.

Objet de la proposition de loi

La proposition de loi que nous avons l'honneur de vous proposer va directement à l'encontre du principe même de la section supérieure des collèges et a pour objet de résoudre la question de l'assimilation pour tous.

Proposition d'ensemble

Nous aurions pu nous borner, comme la Chambre l'a fait en 1901, à proposer l'assimilation des professeurs du 1er ordre aux chargés de cours des lycées et demander l'inscription de cette dépense au budget de 1904.

Il nous a paru nécessaire d'élargir le cadre de notre proposition et d'envisager dans son ensemble la situation des professeurs des trois ordres, sauf à répartir la dépense totale sur plusieurs exercices.

D'autre part, nous ne pouvions laisser de côté les professeurs de classes élémentaires des lycées, dont la situation est légèrement supérieure à celle des professeurs de premier ordre des collèges ni les chargés de cours certifiés de l'enseignement spécial.

Il est équitable de les assimiler tous en même temps.

Mais on pourrait décider que les sommes nécessaires à l'assimilation des professeurs de 2e et de 3e ordre seront inscrites au budget de 1905.

La dépense

Voici réduite à ses vraies proportions la dépense à engager. Nous empruntons ces chiffres au tableau d'avancement de 1902.

Le personnel en exercice est présenté dans les tableaux ci-dessous avec le traitement afférent.

Collèges

1er Ordre

(Nous mettons en regard les traitements des chargés de cours),

1,258 professeurs, dont :

					Chargés de Cours
92	1re	classe	....	3.700	4.800
217	2e	—	....	3.400	4.400
305	3e	—	....	3.100	4.000
288	4e	—	....	2.800	3.600
356	5e	—	....	2.500	3.200
—	6e	—	....	—	2.800

2e Ordre (Bacheliers)

710 professeurs dont :

107	1re	classe	....	3.000
125	2e	—	....	2.700
140	3e	—	....	2.400
150	4e	—	....	2.100
188	5e	—	....	1.900

3e Ordre (Brevetés)

437 professeurs dont :

75	1re	classe	....	2.700
89	2e	—	....	2.400
97	3e	—	....	2.100
92	4e	—	....	1.900
84	5e	—	....	1.600

Professeurs des classes élémentaires des Lycées

(Nous mettons en regard les traitements des chargés de cours).

194 professeurs dont :

					Chargés de Cours
26	1re	classe	....	3.900	4.800
27	2e	—	....	3.600	4.400
30	3e	—	....	3.300	4.000
36	4e	—	....	3.000	3.600
45	5e	—	....	2.700	3.200
30	6e	—	....	2.500	2.800

Chargés des cours, certifiés de l'enseignement spécial :

46 professeurs dont :

				Chargés de Cours
		....		4.800
		....		4.400
13	1re classe	....	4.000	4.000
16	2e —	....	3.600	3.600
16	3e —	....	3.200	3.200
		....		2.800

La 4e classe a disparu, car on ne nomme plus de chargés de cours pourvus de ce grade.

Deux méthodes

Deux méthodes s'offrent à nous pour effectuer l'assimilation :

On aurait pu faire passer d'emblée les professeurs des collèges dans la classe correspondante par le numérotage et faire bénéficier, par exemple, les professeurs de la 1re classe des collèges d'une augmentation de 1,100 francs.

Il nous a paru préférable, sans qu'il soit besoin d'en donner les raisons budgétaires, de suivre la méthode adoptée par le Gouvernement pour le classement dans la Section supérieure des professeurs de 1er ordre.

Elle consiste à ranger les professeurs de collège dans la classe des professeurs de lycée dont ils se rapprochent le plus par leur traitement actuel.

Cette méthode donne les résultats suivants :

Collèges

1er Ordre

1.258 professeurs en exercice.

92	passent de	3.700 à 4.000	aug.	300	dep.	27.600	fr.
217	—	3.400 à 3.600	—	200	—	43.400	»
305	—	3.100 à 3.200	—	100	—	30.500	»
288	—	2.800 à 3.200	—	400	—	115.200	»
350	—	2.500 à 2.800	—	300	—	106.800	»
					Total.....	323.500	fr.

Promotions actuelles

Le traitement d'un professeur de 1er ordre des collèges va de 2.500 à 3.700 francs, soit 1.200 francs d'augmentation échelonnés sur vingt-cinq ans, sa carrière étant close au bout de trente ans et les cinq premières années ne comportant pas de promotions.

L'on multiplie 1200 par 1258, on arrive à 1.508.600 francs pour gager la promotion dans l'état actuel, soit 60.388 francs par an.

Promotions futures

Dans l'hypothèse de l'assimilation qui porterait les traitements de 2.800 à 4.800, soit 2.000 francs d'augmentation, le produit de la multiplication 1258×2000 donnerait 2.516.000 francs, soit 100.640 francs par an.

Nous admettons dans ce cas comme dans l'autre, que le pourcentage est aboli.

Dépense supplémentaire annuelle

La dépense supplémentaire annuelle pour les promotions serait donc de : 100.640—60.388=40.252.

Coût total

Il faudrait donc inscrire au budget :
1° 323.000 fr. une seule fois. 2° 40.252 fr. annuellement.

2ᵉ ordre (bacheliers)

710 professeurs en exercice.

107	passent de	3.000 à 3.300	aug.	300	dép.	32.100	fr.
125	—	2.700 à 3.000	—	300	—	37.500	»
140	—	2.400 à 2.700	—	300	—	42.000	»
150	—	2.100 à 2.400	—	300	—	45.000	»
188	—	1.900 à 2.100	—	200	—	37.600	»
					Total.....	194.200	fr.

3ᵉ Ordre (brevetés)

437 professeurs en exercice.

26	passent de	2.700 à 3.000	aug.	200	dép.	5.200	fr.
89	—	2.400 à 2.500	—	100	—	8.900	»
97	—	2.100 à 2.300	—	200	—	19.400	»
92	—	1.900 à 2.100	—	200	—	18.400	»
84	—	1.600 à 1.900	—	300	—	25.200	»
					Total.....	77.100	fr.

Promotions

Un calcul analogue au précédent donnerait pour les bacheliers une *augmentation* de dépenses de 11.300 francs et pour les bacheliers une *diminution* de 1.720 francs par an.

Professeurs des classes élémentaires des lycées

194 professeurs en exercice.

26	passent	de 3.900 à 4.000	aug.	100	dép.	2.600	fr.
27	—	3.600 à 4.000	—	400	—	10.800	»
30	—	3.300 à 3.600	—	300	—	9.000	»
36	—	3.000 à 3.200	—	200	—	7.200	»
45	—	2.700 à 2.800	—	100	—	4.400	»
30	—	2.500 à 2.800	—	300	—	9.000	»
					Total	43.100	fr.

Promotions actuelles

Le traitement d'un professeur des classes élémentaires des lycées va de 2.000 à 3.900, soit 1.400 francs d'augmentation échelonnés sur vingt-cinq ans.

Multiplions 194 par 1.400, le produit donne 271.000 francs pour gager la promotion, soit une dépense annuelle de 10.864 francs.

Promotions futures

Dans l'hypothèse de l'assimilation, qui porterait le traitement de 2.800 à 4.800, soit 2.000 francs d'augmentation, le produit de 2.000×194 donne 388.000 pour gager la promotion, soit 15.520 francs par an.

La dépense supplémentaire annuelle serait donc de $15.520 - 10.864 = 4.656$.

Coût total

Il faudrait donc inscrire au budget :
1° 43.100 francs, une seule fois ;
2° 4.656 francs annuellement.

Chargés |de cours certifiés de l'ensignement spécial
46 professeurs en exercice

Promotions actuelles

Le traitement d'un chargé de cours de cette catégorie va de 2.800 à 4.000 francs, soit 1.200 francs d'augmentation échelonnés sur vingt-cinq ans.

Mais la 4e classe ayant disparu, il n'y aurait lieu de prévoir, dans l'état actuel, qu'une augmentation de 800 francs échelonnés sur 20 ans.

Multiplions 46 par 800, le produit donne 36.800 francs pour gager la promotion, soit une dépense annuelle de 1.840 francs.

Promotions futures

Dans l'hypothèse de l'assimilation, qui porterait le traitement de 3.200 francs à 4.800, la 6e classe disparaissant, il y a lieu de prévoir une augmentation de 73.000 francs, échelonnés sur vingt ans, soit une dépense annuelle de 3.680 francs.

La dépense supplémentaire annuelle serait donc de 3.680—1.840=1.840 francs.

Coût total

Il faudrait donc inscrire au budget une dépense annuelle de 1.840 francs.

Remarque

L'assimilation de cette catégorie n'entraine actuellement aucune augmentation de traitement.

Nos propositions

Nous vous proposerons, par conséquent, d'inscrire au budget, pour réaliser l'assimilation intégrale, avec suppression du pourcentage, une somme de

$$323.000+174.000+76.900+43.100=617.100 \text{ fr.}$$

et de répartir cette somme en deux exercices de la manière suivante :

a) Budget de 1904 : 323.000+43.100=366.100 fr.

Assimilation des professeurs de 1er ordre des collèges, des professeurs élèves des lycées et des chargés de cours certifiés de l'enseignement spécial.

b) Budget de 1905 : 174.100+76.900=251.000 francs (Assimilation des deux derniers ordres des collèges.)

Les promotions

Nous vous proposerons en outre de décider qu'à partir de 1905 un crédit annuel de 10.252+4.656+1.840=16.748 francs sera inscrit au budget pour gager les promotions des professeurs du premier ordre des collèges, des professeurs des classes élémentaires des lycées et des chargés de cours certifiés de l'enseignement spécial.

Enfin, à partir de 1906, un crédit annuel de 11.300—1.720 =9.580 serait inscrit au budget pour gager les promotions du 2e et du 3e ordre des collèges.

Il est à remarquer que les promotions du 3ᵉ ordre des collèges donneraient, après l'assimilation, une économie de 1.720 francs sur l'état actuel.

Conclusion

Nous ne nous dissimulons pas, messieurs, que l'état présent du bubget, crée des circonstances défavorables aux demandes d'augmentation de traitement.

Nous remarquons pourtant que l'effort budgétaire qu'il s'agit d'accomplir est très sensiblement nférieur au million et demi que l'on opposait jusqu'ici comme une barrière à toutes les propositions qui ont été faites.

Nous avons essayé d'établir que le coût de l'assimilation pour tous, en tenant compte des inexactitudes inhérentes à toute proposition issue de l'initiative parlementaire, ne doit pas être sensiblement supérieur à une dépense une fois faite de 617.000 francs et à une dépense annuelle de 56.598 francs, la première devant être répartie entre deux exercices et la seconde ne devant avoir son plein effet qu'au bout de trois exercices.

Nous avons confiance que le Parlement consentira ces sacrifices, comme il a consenti le sacrifice de 3 millions pour la solde des capitaines, comme il se prépare à consentir demain un sacrifice autrement considérable, puisqu'il peut se chiffrer par une cinquantaine de millions, pour conjurer ce qu'on a si justement appelé le péril primaire.

Le sacrifice que nous demandons est relativement modeste, et il intéresse au plus haut degré l'avenir de nos collèges.

Exemple de l'Allemagne

L'Allemagne, où les charges de la vie sont bien plus légères qu'en France, a fait pour ses agrégés (Oberlehrer) et pour ses chargés de cours (Ordentlichtelhrer) plus que notre réforme, si vous l'adoptez, ne fera pour les maîtres de nos collèges.

Les Oberlehrer allemands sont divisés en sept classes et vont de 4.250 francs à 7.000 francs ; les Ordentlichtelhrer débutent à 2.750 francs et arrivent à 5.000 francs.

Nous vous demandons de rapprocher nos maîtres de la situation des maîtres allemands.

PROJET DE LOI

Article unique

A partir du 1er janvier 1904, les professeurs du 1er ordre des collèges communaux, les professeurs des classes élémentaires des lycées et les chargés de cours certifiés de l'enseignement spécial seront inscrits sur le même tableau d'avancement que les chargés de cours des lycées,

A partir du 1er janvier 1905, les professeurs du 2e et du 3e ordre des collèges seront inscrits sur le même tableau d'avancement que les maîtres élémentaires des lycées pourvus des mêmes grades et des mêmes brevets.

Un crédit de 366.100 francs sera inscrit au budget de 1904 pour réaliser l'assimilation des professeurs du 1er ordre des collèges et des professeurs des classes élémentaires des lycées aux chargés de cours des lycées.

Un crédit de 251.000 francs sera inscrit au budget de 1905 pour réaliser l'assimilation des deux derniers ordres des collèges aux maîtres élémentaires des lycées.

A partir du 1er janvier 1905, une somme annuelle de 46.748 francs sera inscrite au budget pour gager les promotions des professeurs de la première catégorie.

A partir du 1er janvier 1906, une somme de 9.580 francs sera inscrite au budget pour réaliser la promotion des professeurs de la deuxième catégorie.

Le pourcentage est aboli.

Les promotions seront de droit tous les cinq ans, sauf avis motivé de l'administration, qui devra le faire connaître aux intéressés.

Il pourra être donné des promotions au choix tous les deux ans, dans la proportion d'un tiers des professeurs inscrits au tableau depuis ce laps de temps.

Imp. A. PATU, 53, rue Gambetta, Libourne